Je pose mes limites, sans m'excuser – 10 règles d'or pour des relations saines

Les 10 points non négociables dans une relation

Harmonie J.

© 2025 Harmonie J.
Édition : BoD · Books on Demand,
31 avenue Saint-Rémy, 57600 Forbach,
bod@bod.fr
Impression : Libri Plureos GmbH,
Friedensallee 273, 22763 Hamburg
(Allemagne)
ISBN : 978-2-8106-2953-4
Dépôt légal : Mai 2025

Dans ce livre, j'explore les fondements essentiels d'une relation amoureuse saine et épanouie, en se basant sur dix principes clés qui ne doivent pas être compromis. À travers des témoignages, des réflexions et des conseils pratiques, chaque chapitre aborde un point essentiel à respecter pour garantir le bien-être et la stabilité de la relation.

Le livre commence par souligner l'importance de la communication claire et de la transparence. Il est crucial de ne pas disparaître sans prévenir, d'éviter les mensonges et de ne pas manipuler les émotions de l'autre. Un partenaire doit toujours être authentique et ne pas faire d'un autre une option ou une solution temporaire.

Les chapitres suivants rappellent l'importance du respect mutuel : de l'espace personnel et du temps précieux, au respect des sentiments de l'autre sans minimiser ses émotions. L'auteur met également en lumière l'importance de se sentir choisi chaque jour, et de ne pas être comparé à d'autres, car chaque relation est unique et doit être vécue dans son propre contexte.

À travers ces principes, le livre offre des pistes pour éviter de se perdre dans des dynamiques toxiques et met en avant des valeurs d'amour et d'engagement réciproques. Il invite à redéfinir l'amour de manière saine, en mettant l'accent sur la réciprocité, l'équité, et la constance dans l'engagement.

En conclusion, le livre guide les lecteurs vers la construction d'une relation basée sur le respect mutuel, la clarté des intentions, et la volonté de s'engager de manière authentique et durable.

On ne nous apprend pas toujours à poser des limites.

On nous apprend à aimer, à séduire, à garder l'autre... mais rarement à nous préserver. Rarement à dire non. Rarement à dire "ça, je ne l'accepte pas."

Ce livre est né d'un besoin vital : celui de poser les fondations d'un amour sain, réciproque, respectueux. Il ne s'agit pas ici de dresser une liste de règles rigides, mais de rappeler ce que tout être humain mérite dans une relation : la clarté, la sécurité, la considération, la vérité.

Trop de personnes vivent des relations où elles doivent quémander des réponses, des gestes, des preuves. Trop de cœurs brisés sont le résultat d'absences inexpliquées, de silences pesants, de mensonges maquillés en douceur. Ce livre, c'est une réponse à cela. C'est une voix qui dit : "Tu peux aimer, profondément. Mais jamais au point de te trahir."

Chaque chapitre aborde un point essentiel, non négociable. Un pilier. Une frontière que l'on pose non pas pour rejeter l'autre, mais pour se respecter soi-même.

Tu as le droit d'exiger la sincérité.
Tu as le droit de refuser les jeux émotionnels.
Tu as le droit de te faire respecter.
Tu as le droit d'être choisie, chaque jour.

Que ce livre t'aide à te souvenir que tu es précieuse, que tu es légitime, et que tu n'as pas à t'excuser d'attendre un amour qui ne te blesse pas.

Introduction : Pourquoi ces 10 règles ?

– Le déclic pour poser des limites

– L'importance de l'amour-propre

– Ce que ce livre n'est pas : une revanche, un jugement, une généralité

– Ce qu'il est : une déclaration de valeur personnelle

Chapitre 1 : Ne disparais pas – Le besoin fondamental de présence

- L'abandon silencieux : impacts émotionnels
- Le ghosting et l'auto-doute
- L'importance de la communication, même quand c'est dur
- Comment poser cette limite avec clarté

Chapitre 2 : Ne me mens pas – L'amour ne survit pas au mensonge

– Vérités qui blessent vs mensonges qui détruisent
– Les petits mensonges du quotidien et leurs conséquences
– Pourquoi on ment et comment choisir la transparence
– L'art de dire la vérité avec respect

Chapitre 3 : Ne me fais pas supplier ton attention – L'amour ne se quémande pas

– La dynamique du "poursuivant" et du "fuyant"
– Revenir à soi quand on court après l'autre
– Les signes qu'on mérite mieux
– Cultiver une relation réciproque

Chapitre 4 : Ne joue pas avec mes émotions – L'instabilité n'est pas de l'amour

– Le chaud/froid, l'ambiguïté, la confusion émotionnelle
– Pourquoi certaines personnes manipulent sans en avoir conscience
– Se protéger de l'instabilité affective
– Identifier ses besoins émotionnels

Chapitre 5 : Respecte mon temps et mon espace – Je suis une personne entière

- L'équilibre entre fusion et autonomie
- Comment garder son individualité en couple
- La peur de l'abandon vs le besoin d'indépendance
- Créer une relation qui respecte les deux espaces

Chapitre 6 : Ne minimise pas ce que je ressens – Mon ressenti a de la valeur

– Le gaslighting et l'invalidation émotionnelle
– Pourquoi certaines personnes réagissent avec mépris
– Apprendre à se valider soi-même
– Comment se faire entendre sans crier

Chapitre 7 : Ne compare pas notre relation aux autres – Chaque lien est unique

– Les comparaisons toxiques
– La pression des réseaux sociaux
– Construire une relation authentique
– S'inspirer sans imiter

Chapitre 8 : Sois clair avec tes intentions

– Je ne veux plus perdre de temps
– Déceler l'indécision, le flou, le "on verra"
– Clarifier ce qu'on cherche en amour
– Comment poser les bonnes questions
– Savoir partir quand ce n'est pas aligné

Chapitre 9 : Ne m'utilise pas comme un pansement émotionnel – Je veux un amour entier

– Être l'issue de secours de quelqu'un
– Les relations de transition et leurs pièges
– Comment repérer un attachement utilitaire
– Mériter un amour construit sur la sincérité

Chapitre 10 : Fais-moi me sentir choisie chaque jour – Je veux être une priorité, pas une option

- L'importance d'un engagement quotidien
- Reconnaître les actes d'amour concrets
- Comment demander à être valorisée sans culpabilité
- L'amour, un choix renouvelé

Conclusion : Aimer sans s'oublier

– Ce que ces 10 règles disent de toi
– Comment attirer et construire une relation alignée
– Vivre l'amour sans perdre l'estime de soi

10 règles d'or que je n'abandonnerai plus jamais en amour

Je ne demande pas l'impossible. Seulement de l'authenticité, de la cohérence, du respect. Voici ce que je ne négocierai plus jamais dans une relation. Parce que mon cœur mérite mieux que des miettes et mon âme, mieux que des doutes.

1. Ne disparais pas.
Si tu as besoin d'espace, dis-le. Si tu n'as pas la force de parler, sois honnête. Ce que je ne tolérerai plus, c'est l'indifférence camouflée en silence. Me laisser sans nouvelles, c'est me faire sentir insignifiante. C'est m'abandonner dans l'incertitude. Et je mérite mieux

que de me demander pourquoi je ne suis plus assez.

2. Ne me mens pas.
La vérité peut blesser, oui. Mais le mensonge tue. Il ronge la confiance, détruit les fondations. Dis-moi les choses, même quand c'est inconfortable. Je préfère une blessure franche qu'un poison lent.

3. Ne me fais pas mendier ton attention.
Je ne poursuivrai plus ceux qui hésitent à marcher avec moi. L'amour ne devrait jamais ressembler à une course derrière

quelqu'un. Si tu veux être là, sois là. Et si ton cœur est ailleurs, laisse-moi partir.

4. Ne joue pas avec mes émotions.
Ne me donne pas chaud un jour pour me laisser glacée le lendemain. L'instabilité émotionnelle n'est pas romantique, elle est toxique. Si tu ne sais pas ce que tu veux, ne me prends pas comme cobaye.

5. Respecte mon temps et mon espace.
Être en couple ne veut pas dire que je cesse d'exister en tant qu'individu. J'ai besoin de solitude, de projets personnels, d'air. L'amour sain n'étouffe

pas. Il accompagne, il soutient, il laisse respirer.

6. Ne minimise pas ce que je ressens.
Ce que je ressens est réel. Même si tu ne comprends pas tout de suite. J'ai besoin d'un espace où je peux être vulnérable sans être moquée, jugée ou ignorée. Écoute-moi, cherche à comprendre, pas à balayer.

7. Ne compare pas notre relation à celles des autres.
Nous sommes un duo unique. Les autres ne sont pas notre modèle, ni notre miroir. Nos dynamiques, nos

choix, nos blessures sont à nous. Construisons une relation qui nous ressemble, pas un clone de ce qu'on voit ailleurs.

8. Sois clair avec tes intentions.
Je n'ai plus de temps à gaspiller dans les zones grises. Dis-moi ce que tu cherches. Je saurai si nos chemins sont alignés. Mais ne me fais pas croire à une histoire que tu ne comptes pas vraiment écrire avec moi.

9. Ne m'utilise pas comme un pansement émotionnel.

Je ne suis pas là pour combler un vide ou calmer une solitude passagère. Je veux être choisie pour ce que je suis, pas pour ce que je représente dans une période de fragilité.

10. Fais-moi me sentir choisie chaque jour.
Pas une fois. Pas seulement quand c'est facile. Mais chaque jour, même quand c'est compliqué. Je veux être une priorité, pas une option. L'amour se prouve dans les actes, pas dans les promesses.

Chapitre 1 : Ne disparais pas – Le besoin fondamental de présence

Il n'y a rien de plus douloureux que le silence de quelqu'un qu'on aime. Une absence sans explication. Une présence qui s'évapore sans avertissement. On relit les derniers messages. On se demande ce qu'on a dit de travers. On se torture à chercher une faute. Le ghosting, ce mot moderne pour décrire un comportement lâche, laisse derrière lui un vide bien réel, un trou béant dans la confiance.

Disparaître sans prévenir, c'est nier l'humanité de l'autre. C'est le réduire à un oubli, à une gêne, à quelque chose qu'on peut effacer d'un simple effleurement d'écran. Mais ce qu'on ne voit pas, ce sont les nuits de doute, l'estime qui s'effrite, la peur de ne pas être assez. Ce n'est pas juste un "manque de réponse". C'est une forme de cruauté.

La présence, même minimale, est un choix.
Être là, c'est dire : "Tu comptes, même quand je suis débordé(e)." Ce n'est pas une question de disponibilité constante, mais de considération. Il suffit parfois

d'un message simple : "Je suis débordé, mais je pense à toi. Je te réponds dès que je peux." Ce genre de phrase évite les heures d'angoisse, les interprétations, les films mentaux où l'on finit toujours par se sentir de trop.

Pourquoi certaines personnes disparaissent ?
Par peur du conflit. Par inconfort émotionnel. Par lâcheté, parfois. Ou simplement parce qu'elles n'ont jamais appris à communiquer dans le respect. Mais ce n'est pas une excuse. Ce n'est jamais une excuse. On peut être maladroit, confus, perdu... sans blesser

gratuitement. La fuite silencieuse n'est pas une option quand on choisit d'aimer.

Comment poser cette limite ?
Il faut être clair dès le départ. Dire : "Je ne supporte pas les silences qui me laissent dans l'incertitude. Si un jour tu ressens le besoin de t'éloigner, je préfère une vérité inconfortable à un silence qui me dévore."
Et si la personne disparaît malgré tout, ne cherche pas à la rattraper. Parce que celui qui t'efface sans un mot ne mérite pas que tu cries pour exister dans sa vie.

Ce que je mérite :
Je mérite quelqu'un qui choisit d'être présent, même dans le désordre.
Quelqu'un qui ose me dire qu'il a besoin d'air, sans m'enfermer dans le néant. Quelqu'un qui ne me fait pas me sentir minuscule, comme un détail oublié entre deux priorités.

Ce que j'apprends :
La présence est un langage. Et je choisis désormais d'aimer ceux qui parlent cette langue-là : celle de la constance, de l'attention, du respect.

Chapitre 2 : Ne me mens pas – L'amour ne survit pas au mensonge

Il y a les petits mensonges "pour ne pas blesser", et puis il y a les grands, ceux qu'on découvre trop tard, ceux qui font trembler tout ce qu'on croyait vrai. Le problème du mensonge, ce n'est pas seulement l'acte en lui-même. C'est ce qu'il emporte avec lui : la confiance, l'innocence, la sécurité. Quand on ment, on trahit la base même de toute relation – la vérité.

Mentir, c'est choisir de se protéger soi, au détriment de l'autre.
C'est dire en silence : "Ta paix n'est pas ma priorité." C'est croire qu'on peut contrôler l'image qu'on renvoie, tout en oubliant que l'amour ne peut grandir que sur de la transparence. Un mensonge, même petit, introduit un doute. Et ce doute devient poison.

La vérité fait parfois mal, oui.
Mais le mensonge, lui, détruit. Il crée des fissures invisibles au début, puis il fait s'écrouler tout le lien. Parce qu'on ne peut plus être pleinement là, quand on ne sait plus si ce que l'autre dit est vrai.

Parce qu'on ne regarde plus les yeux de l'autre de la même manière, quand on se rend compte qu'ils ont pu cacher quelque chose d'essentiel.

Pourquoi certaines personnes mentent ? Par peur de déplaire, de perdre, d'affronter la réalité. Par habitude aussi. Certaines ont appris que mentir est plus facile que d'assumer. Mais aimer, c'est aussi avoir le courage de dire les choses, même inconfortables. Il n'y a pas d'intimité réelle sans vulnérabilité, sans vérité.

Poser cette limite, c'est dire :

"Je préfère une vérité qui me fait pleurer à un mensonge qui me fera douter de moi, de toi, de tout ce que nous étions." C'est dire qu'on est prêt à entendre, même ce qui dérange, à condition que ce soit vrai. Parce qu'on ne peut pas construire une relation sur des fondations faussées.

Ce que je mérite :
Je mérite quelqu'un qui me respecte assez pour me dire la vérité. Même quand il a peur. Même quand c'est difficile. Parce que cacher, dissimuler, travestir, ce n'est pas protéger. C'est

infantiliser, trahir, manipuler. Et je mérite mieux.

Ce que j'apprends :
Être vrai, ce n'est pas être parfait. Mais c'est être digne de confiance. Et désormais, je choisis les relations où je peux baisser ma garde, sans craindre que la vérité soit maquillée.

Chapitre 3 : Ne me fais pas supplier ton attention – L'amour ne se quémande pas

Il y a peu de choses aussi douloureuses que de tendre la main, encore et encore, et de sentir qu'elle reste vide. Se retrouver à envoyer le premier message, à attendre un signe, un geste, une réponse, un "tu me manques" qu'on espère sans oser le réclamer. Et puis ce silence, cette indifférence, qui fait de l'attention un privilège au lieu d'un geste naturel.

Aimer ne devrait jamais ressembler à une course.

Si je dois te courir après, si je dois mendier ta présence, alors ce n'est plus une relation, c'est un déséquilibre. L'amour n'est pas une faveur qu'on accorde par intermittence. Il est réciproque ou il n'est pas. L'attention n'est pas un luxe, c'est une preuve simple, douce, quotidienne : "Je pense à toi, tu comptes."

Pourquoi certaines personnes retiennent leur attention ?
Pour garder le contrôle. Par distraction. Par égoïsme. Ou parce qu'elles se sentent

bien avec elles-mêmes en te sachant là, disponible, en attente. Cela flatte l'ego, mais ça blesse profondément. Parce que dans cette dynamique, un seul est en train d'aimer. L'autre consomme, absorbe, puis s'éloigne sans bruit.

L'attention qu'on donne est un miroir de la place qu'on t'accorde.
Si je dois insister pour un appel, pour un moment ensemble, pour un minimum de considération, alors je ne suis pas choisie. Je suis juste tolérée. Et cela, je refuse. Parce qu'il n'y a rien de plus triste que de s'épuiser à chercher

quelqu'un qui ne se rend même pas compte qu'on est déjà là, entièrement.

Poser cette limite, c'est dire :
"Je ne veux plus courir après des demi-présences. Je veux quelqu'un qui vient vers moi, pas quelqu'un que je dois tirer à moi." C'est reconnaître que l'amour doit circuler dans les deux sens, comme un souffle partagé. Si je tends la main, je veux qu'elle soit prise, pas ignorée.

Ce que je mérite :
Je mérite une attention spontanée. Des messages sans raison. Une voix qui me

demande comment je vais, sans que je doive le provoquer. Je mérite un amour qui ne me donne pas l'impression d'être invisible, d'être de trop, d'être un dérangement.

Ce que j'apprends :
Je ne suis pas faite pour mendier l'amour. Je suis faite pour le vivre, pleinement, dans la réciprocité et le respect. Désormais, je ne cours plus. Je marche avec celui qui choisit de marcher à mes côtés.

Chapitre 4 : Ne joue pas avec mes émotions – La confusion n'est pas une preuve d'amour

Il y a des mots qui caressent un jour, puis qui blessent le lendemain. Des gestes tendres suivis de silences glacés. Des promesses murmurées dans un souffle... et jamais tenues. Le va-et-vient émotionnel, ces montagnes russes où l'on ne sait jamais si l'on est aimé, rejeté, toléré ou utilisé, usent le cœur jusqu'à l'épuisement.

L'amour n'est pas un jeu de pouvoir.

Si je dois deviner ce que tu ressens, si un jour tu me regardes avec tendresse et le lendemain tu m'ignores, ce n'est pas de l'amour, c'est de la manipulation émotionnelle. Le trouble constant n'est pas la marque d'une passion intense, c'est un signal d'alarme. Parce que l'amour vrai ne fait pas douter à chaque instant. Il apaise, il éclaire, il confirme.

Pourquoi certaines personnes jouent avec les émotions ?
Par peur de l'engagement. Par besoin d'exister à travers le contrôle de l'autre. Par insécurité. Par habitude toxique. Elles avancent, reculent, puis avancent à

nouveau... juste assez pour garder l'autre accroché, perdu, suspendu à leurs humeurs. Elles laissent espérer, sans jamais vraiment s'investir. Et toi, tu restes là, à attendre que ça se stabilise, que ça devienne simple, que ça tienne. Mais ça ne tient jamais.

La clarté émotionnelle est une forme de respect.
Dire ce qu'on ressent, être honnête sur ses intentions, sur ses limites, sur ses peurs, c'est offrir à l'autre un espace sain. Ce n'est pas être parfait, c'est être cohérent. Un jour tendre, un jour froid, ce n'est pas de la complexité

émotionnelle. C'est du chaos, et personne ne peut construire dans le chaos.

Poser cette limite, c'est dire :
"Ne viens pas me chercher quand tu as besoin de chaleur, puis me repousser quand tu as peur. Je ne suis pas une pause dans ta confusion."
C'est reconnaître que mes émotions méritent mieux que d'être balancées comme des jouets entre les mains de quelqu'un qui ne sait pas ce qu'il veut.

Ce que je mérite :
Je mérite un amour stable. Quelqu'un qui sait – ou du moins, qui essaie sincèrement de savoir – ce qu'il ressent. Quelqu'un qui n'utilise pas le doute comme un levier pour me garder sous emprise. Je mérite la lumière, pas les zones grises.

Ce que j'apprends :
Je ne suis pas responsable de l'indécision émotionnelle de l'autre. Je ne suis pas là pour réparer, deviner ou patienter dans le flou. Je suis là pour vivre un amour vrai. Et désormais, je refuse les jeux qui me laissent les larmes aux yeux.

Chapitre 5 : Respecte mon temps et mon espace – Aimer sans m'effacer

Il y a cette idée fausse que l'amour doit tout envahir. Qu'il faut se fondre l'un dans l'autre. Être collés. Se parler tout le temps. Tout partager. Tout faire ensemble. Comme si s'aimer voulait dire se confondre. Mais une relation saine ne se nourrit pas de fusion permanente. Elle respire. Elle laisse de l'espace.

Je suis une personne entière, même en couple.

Mon emploi du temps, mes projets, mes envies personnelles, mes silences choisis – ils ont une valeur. Et je ne dois pas les sacrifier pour prouver que j'aime.

Aimer, ce n'est pas tout abandonner. Ce n'est pas m'effacer dans l'autre. C'est marcher côte à côte, en gardant ce qui fait de moi moi.

Pourquoi certains ne respectent pas l'espace de l'autre ?

Par insécurité. Par besoin de contrôle. Par peur de perdre l'autre dès qu'il s'éloigne un peu. Ils veulent tout savoir, tout régenter, être là partout, tout le temps. Mais cette présence étouffante finit par créer l'inverse de l'amour : une sensation d'enfermement, de suffocation, d'obligation permanente.

L'amour ne se mesure pas au temps qu'on passe ensemble, mais à la liberté qu'on se laisse.
Aimer, c'est comprendre que chacun a besoin de moments à soi, de solitude, de respiration. Que mes passions, mes amitiés, mes moments de repli font partie de mon équilibre. Et si je suis obligée de justifier chaque minute que je passe seule, alors je ne suis plus en couple. Je suis sous surveillance.

Poser cette limite, c'est dire :
"Je t'aime, mais je ne veux pas me perdre dans toi. Laisse-moi être, laisse-moi vivre, et je reviendrai vers toi avec encore plus d'amour." Parce que si je dois renoncer à mon espace personnel pour être aimée, alors ce n'est pas de l'amour. C'est une dépendance masquée.

Ce que je mérite :
Je mérite un amour qui respecte mes silences, mes retraites, mes besoins de solitude. Quelqu'un qui comprend que mon monde ne s'arrête pas à "nous", et que cela ne veut pas dire que je l'aime moins. Juste que je m'aime aussi.

Ce que j'apprends :
Me préserver, ce n'est pas être distante. C'est être équilibrée. Et désormais, je ne sacrifierai plus mes espaces pour rassurer quelqu'un. Mon amour peut être immense, mais il ne doit plus jamais me rétrécir.

Chapitre 6 : Ne minimise pas ce que je ressens – Ma sensibilité n'est pas une faiblesse

Il n'y a rien de plus blessant que de livrer ce qu'on ressent, avec sincérité, et d'être accueilli par un soupir, un haussement d'épaules, une remarque du genre "Tu dramatises", "Tu te fais des films", "Tu prends tout trop à cœur". Ce n'est pas une discussion, c'est une disqualification. Ce n'est pas un échange, c'est un mur.

Mes émotions sont légitimes.

Même si elles te semblent exagérées. Même si tu ne les comprends pas tout de suite. Ce que je ressens vient de quelque part. Cela ne demande pas toujours une solution. Cela demande d'abord de l'écoute. Du respect. Un espace sûr pour être entendue.

Pourquoi certaines personnes minimisent ?
Parce que ressentir, leur fait peur. Parce qu'ils n'ont pas appris à accueillir l'émotion chez l'autre sans se sentir attaqués. Alors ils réduisent, ironisent, ou ferment la porte. Mais à force de nier ce qui m'habite, c'est moi qu'ils nient.

Et une relation dans laquelle je dois cacher mes larmes ou me censurer pour éviter les moqueries, ce n'est pas de l'amour, c'est de l'effacement.

Entendre l'émotion de l'autre, c'est valider son humanité.
C'est dire : "Je ne ressens peut-être pas la même chose, mais ce que tu vis est important pour moi." Ce n'est pas être d'accord, c'est être présent. Et dans un couple, être présent émotionnellement, c'est aussi essentiel que d'être là physiquement.

Poser cette limite, c'est dire :

"Je ne veux plus qu'on m'apprenne à taire ce que je ressens. Je ne veux plus devoir m'excuser de pleurer. Ni justifier pourquoi une parole m'a blessée."
Je veux un espace où je peux être vraie. Même dans ma vulnérabilité. Surtout dans ma vulnérabilité.

Ce que je mérite :
Je mérite d'être entendue avec bienveillance. Pas jugée, pas moquée, pas réduite. Je mérite une oreille, un regard qui dit "Je suis là, même si je ne comprends pas tout." Je mérite qu'on prenne soin de mes émotions, pas qu'on les rejette.

Ce que j'apprends :
Exprimer ce que je ressens n'est pas un défaut. C'est une force. Et désormais, je ne cacherai plus mes émotions pour qu'on m'accepte. Je les porterai avec fierté, et je m'entourerai de ceux qui savent les accueillir.

Chapitre 7 : Ne compare pas notre relation aux autres – Nous sommes une histoire unique

Il y a des mots qui piquent plus qu'on ne l'imagine. "La copine de mon pote, elle ne se plaint jamais." "Tu devrais être plus comme elle." "Mon ex, elle au moins…" Et d'un coup, sans même t'en rendre compte, tu n'es plus toi. Tu deviens une mesure. Une comparaison. Une pièce d'un tableau où tu ne t'es jamais inscrite.

Chaque relation est un monde à part.

Nous ne sommes pas eux. Nous ne sommes pas "les autres". Nous sommes nous. Avec notre rythme, notre histoire, nos blessures, nos maladresses et notre manière d'aimer. Et ça mérite d'être vécu sans être constamment ramené à ce que fait ou ne fait pas le voisin.

Pourquoi certaines personnes comparent ?
Par insatisfaction. Par immaturité. Par peur de ne pas vivre la "bonne" relation. Elles regardent dehors, au lieu de construire dedans. Elles comparent pour te changer, te corriger, t'aligner à une image idéalisée. Mais l'amour n'est pas

une compétition. Ce n'est pas un classement. Ce n'est surtout pas un copier-coller.

Les comparaisons détruisent la confiance.
Elles font douter de sa valeur, de sa place, de son rôle dans la relation. Elles plantent la graine du "je ne suis pas assez". Et avec le temps, elles éteignent ce qu'il y avait de spontané, de vrai. Car on finit par jouer un rôle, par s'adapter à ce que l'autre admire ailleurs, au lieu d'être simplement soi.

Poser cette limite, c'est dire :

"Je ne suis pas là pour rivaliser avec des souvenirs, des images ou des attentes. Je suis là pour t'aimer à ma façon, avec ce que je suis."
Et si tu ne peux pas voir la beauté de ce que nous construisons ensemble, sans le ternir par des comparaisons, alors tu ne m'aimes pas. Tu veux juste un idéal que je ne serai jamais.

Ce que je mérite :
Je mérite d'être aimée pour ce que je suis, ici et maintenant. Pas pour ce que tu espères, pas en fonction de ce que tu as perdu ou fantasmé. Je mérite qu'on

me regarde avec des yeux neufs, pas à travers le filtre des autres.

Ce que j'apprends :
Je suis incomparable. Mon amour, ma manière d'être, mon cœur – tout cela est unique. Et désormais, je ne permettrai plus qu'on me réduise à un reflet. Je suis une personne, pas une comparaison.

Chapitre 8 : Sois clair avec tes intentions – Je ne suis pas là pour perdre mon temps

Il n'y a rien de plus douloureux que d'avancer en croyant que l'on construit quelque chose, pour découvrir, trop tard, qu'on était seul à y croire. Attendre les mots, attendre les actes, attendre que l'autre sache ce qu'il veut. Et pendant ce temps, tu te vides. Tu donnes, tu espères, tu justifies l'indéfini.

Je ne veux plus d'histoires floues.

Si tu ne sais pas ce que tu veux, dis-le. Si tu n'es pas prêt, dis-le. Si tu es là uniquement pour combler un vide, sois honnête. Je préfère une vérité brutale à un faux espoir. Ce que je refuse désormais, c'est de marcher dans le brouillard pendant que toi, tu restes sur place.

Pourquoi certaines personnes fuient la clarté ?
Parce que s'engager, c'est prendre une responsabilité. Parce que clarifier ses intentions, c'est perdre le contrôle sur l'autre. Certains préfèrent entretenir l'ambiguïté, garder l'autre sous leur

charme, sans jamais vraiment s'impliquer. Ils donnent juste assez pour entretenir l'attente, mais jamais assez pour construire.

L'ambiguïté est une forme de manipulation.
Quand tu ne sais pas où tu vas avec quelqu'un, mais que tu restes attaché à ce qu'il te fait ressentir, tu deviens prisonnier de l'illusion. Tu inventes, tu complètes les silences par des espoirs, tu interprètes chaque geste. Ce n'est pas une relation, c'est une énigme toxique.

Poser cette limite, c'est dire :

"Je mérite des mots clairs. Je mérite un cap. Je mérite un partenaire, pas un illusionniste."

Je ne suis pas une escale, ni un passe-temps. Mon amour a de la valeur. Et je n'ai plus envie de le gaspiller sur des 'peut-être' et des 'je ne sais pas'.

Ce que je mérite :
Je mérite quelqu'un qui sait ce qu'il cherche. Quelqu'un qui ne joue pas avec mon cœur comme on teste des eaux tièdes. Quelqu'un qui a le courage d'être honnête, même si cela signifie qu'on ne veut pas la même chose.

Ce que j'apprends :
Je n'ai plus peur de poser la question :
"Qu'est-ce que tu veux vraiment ?"
Et si la réponse est floue, alors je partirai.
Parce que mon temps, mon cœur et
mon énergie ne sont plus à gaspiller
dans des zones grises. Je veux de la clarté.
De l'authenticité. Et un amour entier.

Chapitre 9 : Ne m'utilise pas comme un pansement émotionnel – Je mérite un amour réel et un engagement

Il y a ce silence lourd après la rupture, cette tristesse qui s'accroche comme un nuage noir. Et, dans ce vide, tu viens. Tu me parles, tu me caresses, tu me fais rire. Tu sembles m'offrir un refuge, un réconfort. Mais c'est un réconfort temporaire. Parce qu'au fond, tu ne m'aimes pas, tu as simplement besoin de me sentir là, pour oublier une douleur qui n'est pas mienne.

Je ne suis pas une solution à tes blessures passées.

Je suis une personne entière, avec mes propres rêves, mes propres blessures, et mon propre parcours. Je ne suis pas là pour être ton pansement, ton échappatoire temporaire. Si tu viens vers moi parce que tu te sens seul, triste, ou brisé, mais sans vouloir vraiment construire quelque chose de réel, tu me uses. Et à la fin, c'est moi qui vais me retrouver brisée, épuisée, et usée par une relation qui n'a jamais été véritablement la mienne.

Pourquoi certaines personnes utilisent les autres comme pansements émotionnels ?
Parce qu'elles ont peur de la solitude. Parce qu'elles n'ont pas appris à se soigner elles-mêmes. Parce qu'elles cherchent un réconfort instantané, sans se soucier de ce que cela coûte à l'autre. Elles arrivent avec des promesses, mais ces promesses ne sont que des mots vides, des gestes sans fondement.

Un amour authentique ne doit pas être une béquille.
Je veux être aimée pour qui je suis, pas pour combler un vide. Je ne suis pas un

soulagement temporaire que l'on utilise lorsque la souffrance de l'autre devient trop intense. Je ne veux pas être un recours quand tout va mal et un fantôme quand tout va bien. J'ai besoin d'un amour qui dure, qui résiste aux épreuves, un amour où l'on construit ensemble et non où l'on s'accroche à l'autre pour se sentir entier.

Poser cette limite, c'est dire :
"Je ne suis pas là pour combler ta solitude. Si tu m'aimes, aime-moi vraiment. Si tu n'es pas prêt pour une relation vraie, dis-le et laisse-moi partir."

Je ne veux pas être un bouche-trou. Je mérite un amour sain, un amour qui s'épanouit, un amour où l'engagement et le respect sont les fondements.

Ce que je mérite :
Je mérite un amour qui se construit sur des bases solides, pas sur des dépendances émotionnelles. Je mérite quelqu'un qui m'aime pour ce que je suis, avec mes défauts et mes qualités, et qui n'est pas avec moi simplement parce que je suis une alternative à sa tristesse. Je mérite un amour où chacun s'engage de manière authentique, sans arrière-pensée.

Ce que j'apprends :
Je n'accepterai plus d'être une réponse à une douleur non résolue. Je ne serai plus un pansement pour quelqu'un qui ne veut pas se soigner. Mon cœur mérite plus. Je mérite d'être aimée de façon entière, et non en tant que solution temporaire.

Chapitre 10 : Fais-moi me sentir choisie chaque jour – Pas une option, mais une priorité

Les gestes quotidiens ont un pouvoir immense. Ce n'est pas l'ampleur des déclarations ou des grandes promesses qui définit une relation, mais bien la constance des petites attentions. Chaque jour, je dois me sentir choisie. Pas seulement quand c'est facile, pas seulement quand ça me sert, mais chaque jour, dans les hauts comme dans les bas.

Être choisie, c'est plus qu'une simple présence.

C'est être entendue quand je parle, c'est avoir de l'importance dans tes décisions, c'est savoir que je ne suis pas une option parmi d'autres, mais une priorité. C'est sentir que tu tiens à moi, non parce que c'est pratique ou confortable, mais parce que tu as choisi d'être là, encore et encore.

Pourquoi certaines personnes ne savent pas faire sentir à l'autre qu'il est choisi ? Parce qu'elles prennent la relation pour acquise. Parce qu'elles pensent que le simple fait d'être là suffit. Mais être là, physiquement, n'est pas suffisant. Il y a tout un monde derrière, tout un cœur qui bat. Et ignorer ce monde, c'est ouvrir une brèche dans la relation. C'est faire naître l'incertitude, la peur de ne pas être assez.

Choisir quelqu'un chaque jour, c'est un acte d'amour.
Ce n'est pas une obligation, c'est un choix. C'est prendre du temps pour l'autre, le regarder, lui montrer qu'il est important, qu'il compte. Que même dans la routine, même dans les moments banals, tu es là, et que ta

présence n'est pas juste une habitude, mais un choix conscient.

Poser cette limite, c'est dire :
"Je ne veux pas être celle qu'on regarde comme une option, une personne de passage. Je veux être celle qu'on choisit, jour après jour, avec des gestes, des mots, des attentions qui montrent que je compte pour toi."
Et si ce n'est pas le cas, alors il n'y a pas de place pour nous.

Ce que je mérite :
Je mérite de me sentir choisie. Je mérite de savoir que je ne suis pas une pièce

parmi d'autres dans ton puzzle, mais que je suis le cœur de ton histoire. Je mérite quelqu'un qui me choisit tous les jours, même quand la vie se complique, même quand la routine s'installe.

Ce que j'apprends :
Je ne suis plus une option. Je suis une priorité. Et je m'entourerai de ceux qui savent me choisir. Chaque jour. Parce que l'amour ne se résume pas à des moments exceptionnels, mais à des choix quotidiens qui révèlent une dévotion sincère.

Conclusion : Aimer sans se trahir

Aimer ne devrait jamais signifier s'oublier.

Ce livre est une déclaration d'amour à soi-même. Il est une main tendue vers toutes celles et ceux qui ont trop longtemps accepté l'inacceptable, cru que l'amour exigeait le silence, le sacrifice ou l'effacement. Il est un rappel que l'amour ne doit pas faire mal, qu'il ne doit pas être un combat permanent pour exister, être vu, entendu, ou choisi.

Poser des limites, ce n'est pas être difficile. C'est se respecter. C'est apprendre à dire : "Je veux bien t'aimer, mais pas au prix de moi-même."
Chaque point évoqué dans ce livre n'est pas une exigence irréaliste, mais une base minimale pour toute relation saine, équilibrée et durable. Ce sont les fondations sur lesquelles un amour vrai peut grandir.

Tu mérites un amour clair, constant, sincère. Tu mérites d'être choisie chaque jour, sans avoir à le demander. Tu mérites un amour dans lequel tu peux te reposer sans crainte, sans confusion, sans lutte.

Et surtout, tu mérites de t'aimer assez pour partir lorsque l'on franchit tes limites. Parce que le véritable amour commence là : au moment précis où tu refuses de te perdre pour que quelqu'un d'autre t'aime mal.

Tu n'es pas trop exigeante, tu es juste consciente de ta valeur.
Et ce livre est là pour t'aider à ne plus jamais l'oublier.

À celles qui, un jour, ont aimé au point de s'oublier.
À celles qui ont pleuré en silence, espérant être vus, entendus, choisis.
À celles qui ont fini par comprendre que l'amour ne devrait jamais coûter l'estime de soi.

Ce livre vous est dédié.

Merci à toutes les âmes qui m'ont confié leurs histoires, leurs blessures, leurs réveils douloureux et leurs renaissances lumineuses. Vos vécus ont nourri ces pages, leur ont donné une voix, une chair, une vérité.

Merci à mes proches qui ont cru en ce message, même quand il était encore un murmure en moi. Votre soutien est une lumière constante.

Merci à moi-même, pour avoir écrit ces mots que j'aurais aimé lire plus tôt. Pour avoir transformé les failles en force, les doutes en certitudes, et la douleur en clarté.

Enfin, merci à toi, lecteur ou lectrice, qui tiens ce livre entre tes mains. Si ces mots ont résonné, touché, ou libéré quelque chose en toi, alors ils ont rempli leur mission.

N'oublie jamais : tu mérites un amour où tu n'as pas à mendier l'évidence.